Ramadan Kareem

Ramadan Kareem

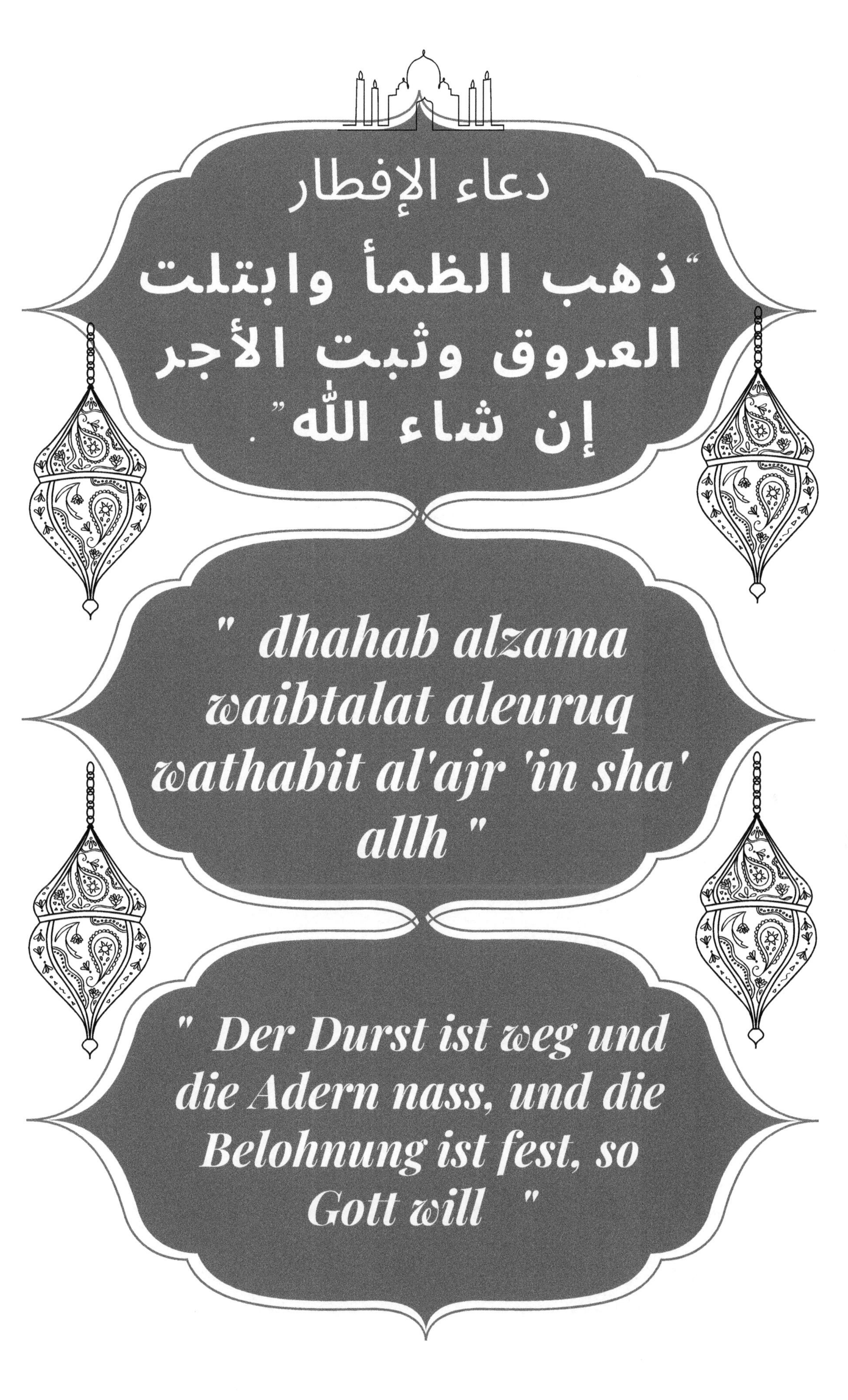

دعاء الإفطار

"ذهب الظمأ وابتلت العروق وثبت الأجر إن شاء الله".

" dhahab alzama waibtalat aleuruq wathabit al'ajr 'in sha' allh "

" Der Durst ist weg und die Adern nass, und die Belohnung ist fest, so Gott will "

Laylat al-Qadr
Fastenmonat
Merkmale des Monats Ramadan
Der Koran wurde dort offenbart
Tarawih Gebet
Der Monat des Segens

Ramadan-Tagesverfolgung

MEINE IBADAH GRAFIK

Tag	Beten	Der Koran	Doaa	ALMOSEN
Ramadan 1				
Ramadan 2				
Ramadan 3				
Ramadan 4				
Ramadan 5				
Ramadan 6				
Ramadan 7				
Ramadan 8				
Ramadan 9				
Ramadan 10				
Ramadan 11				
Ramadan 12				
Ramadan 13				
Ramadan 14				
Ramadan 15				
Ramadan 16				
Ramadan 17				
Ramadan 18				
Ramadan 19				
Ramadan 20				
Ramadan 21				
Ramadan 22				
Ramadan 23				
Ramadan 24				
Ramadan 25				
Ramadan 26				
Ramadan 27				
Ramadan 28				
Ramadan 29				
Ramadan 30				

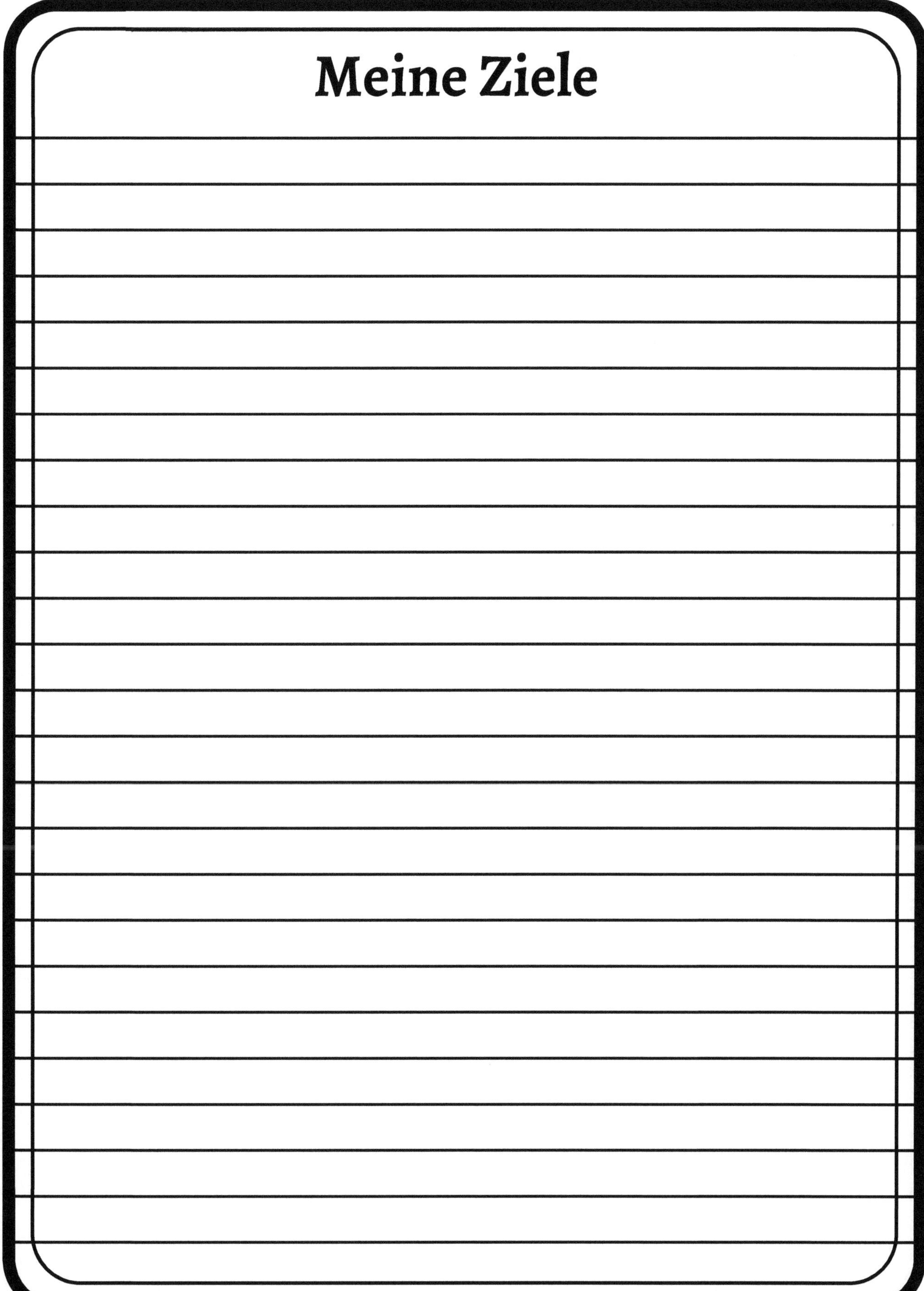

Meine Ziele

Meine Ziele

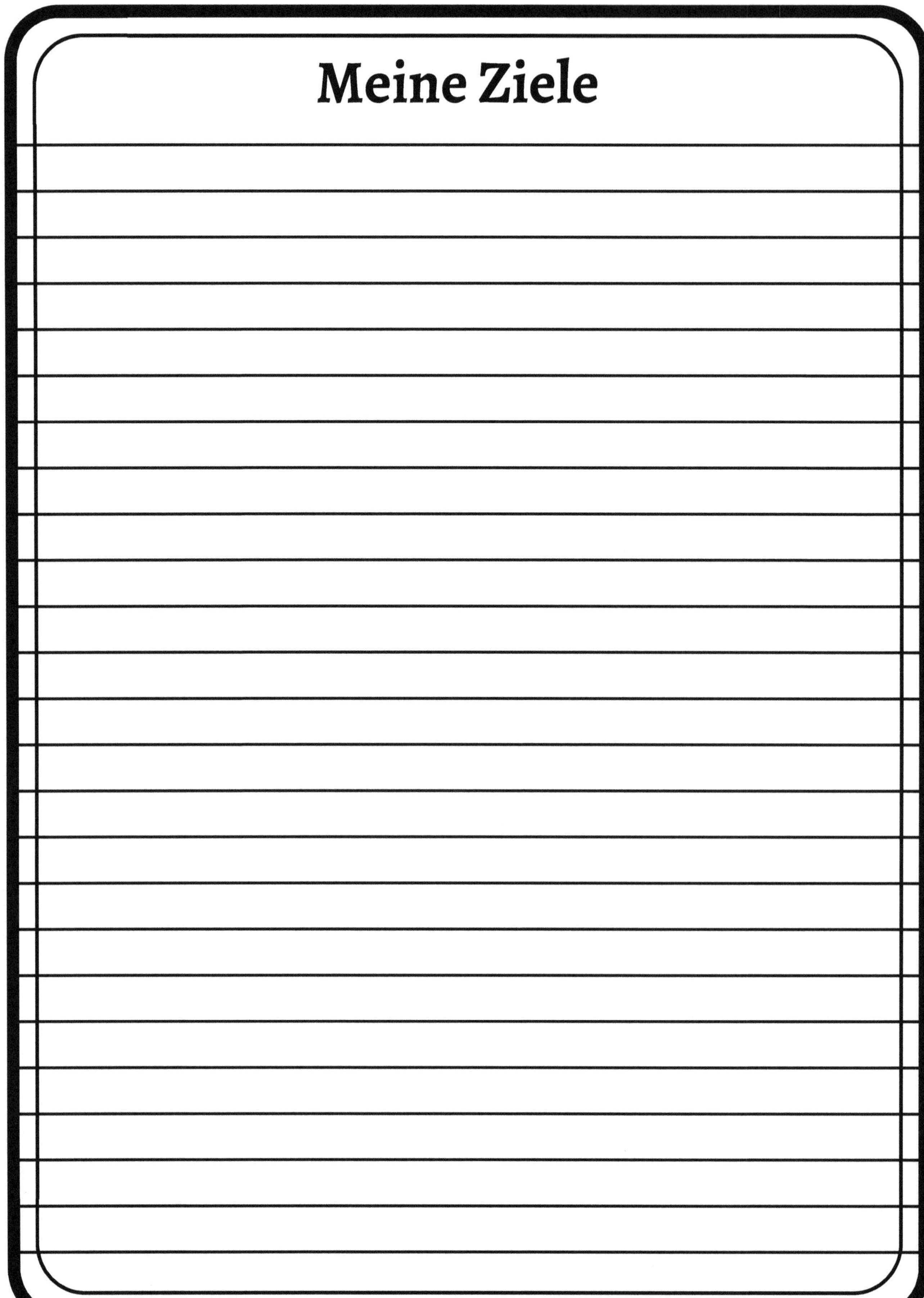

Meine Ziele

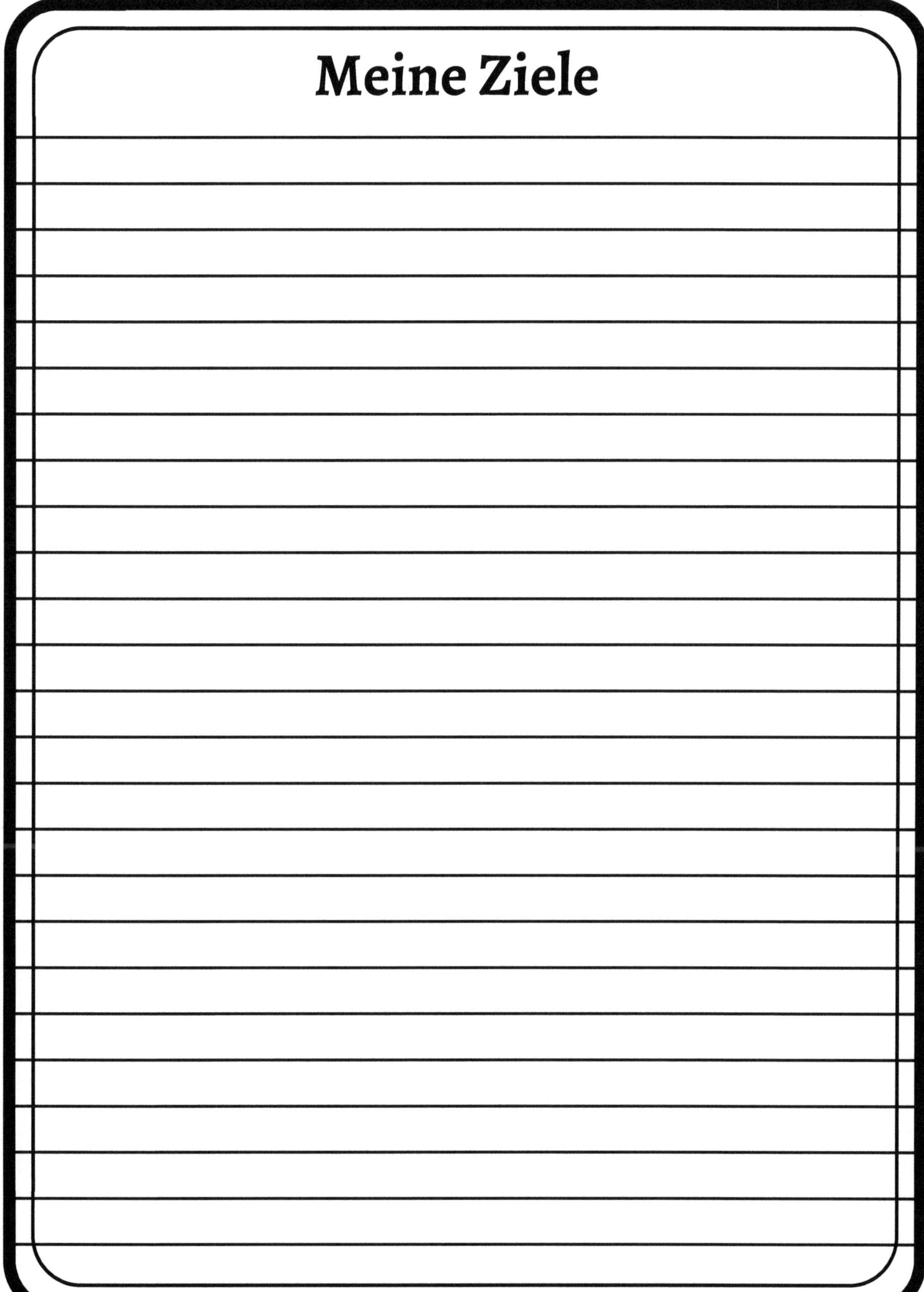

Meine Ziele

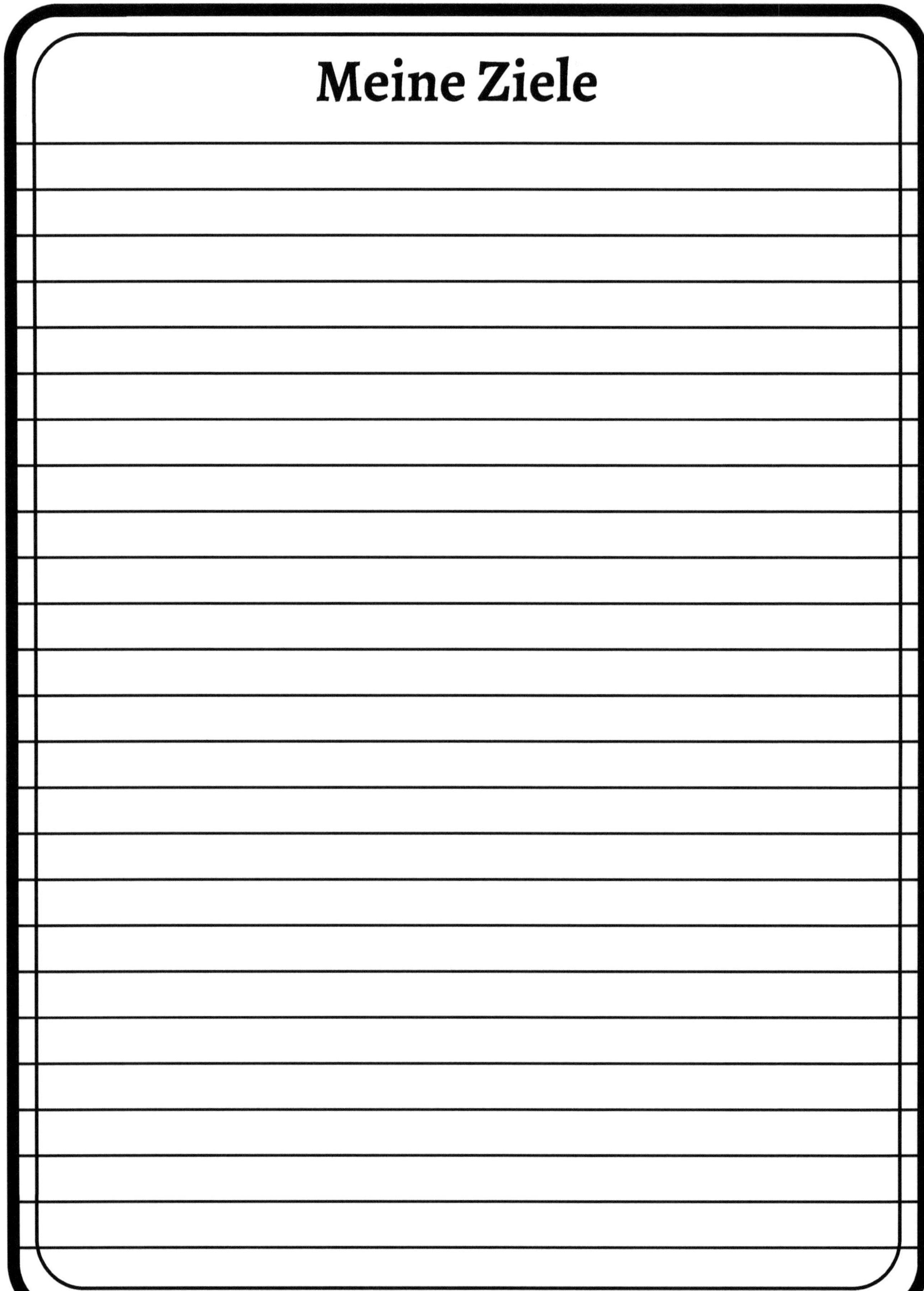

Ramadan Tag

ALFAJR

ALMAGHRİB

RAMADAN TAG:

....

Meine Gebete

Fajr ---------- ⭐ Maghreb ---------- ⭐

Dhohr ---------- ⭐ Isha ---------- ⭐

Asr ---------- ⭐ Trawih ---------- ⭐

Meine Lektüre des Korans

	der Anfang	das Ende
Juz		
Hizb		
Sure		
Ayah		

RAMADAN TAG :

....

Doaa heute

ANMERKUNGEN : -------------------------------------

Ramadan Tag

ALFAJR

ALMAGHRİB

RAMADAN TAG:
....

Meine Gebete

Fajr .... ☆ Maghreb .... ☆

Dhohr .... ☆ Isha .... ☆

Asr .... ☆ Trawih .... ☆

Meine Lektüre des Korans

	der Anfang	das Ende
Juz	....	....
Hizb	....	....
Sure	....	....
Ayah	....	....

RAMADAN TAG :

....

Doaa heute

ANMERKUNGEN : ------------------------------------

Ramadan Tag

ALFAJR

ALMAGHRİB

Ramadan Tag:

....

Meine Gebete

Fajr	☆	Maghreb	☆
Dhohr	☆	Isha	☆
Asr	☆	Trawih	☆

Meine Lektüre des Korans

	der Anfang	das Ende
Juz		
Hizb		
Sure		
Ayah		

RAMADAN TAG :

....

Doaa heute

ANMERKUNGEN : --

Ramadan Tag

ALFAJR

ALMAGHRİB

RAMADAN TAG:

....

Meine Gebete

Fajr ----------- ☆ Maghreb ----------- ☆

Dhohr----------- ☆ Isha ----------- ☆

Asr ----------- ☆ Trawih ----------- ☆

Meine Lektüre des Korans

	der Anfang	das Ende
Juz		
Hizb		
Sure		
Ayah		

RAMADAN TAG :

.... 

Doaa heute

ANMERKUNGEN : --

RAMADAN TAG

ALFAJR

ALMAGHRIB

RAMADAN TAG:

....

Meine Gebete

Fajr ----------- ☆ Maghreb ----------- ☆

Dhohr----------- ☆ Isha ----------- ☆

Asr ----------- ☆ Trawih ----------- ☆

Meine Lektüre des Korans

	der Anfang	das Ende
Juz		
Hizb		
Sure		
Ayah		

RAMADAN TAG :

Doaa heute

ANMERKUNGEN : ------------------------------------

Ramadan Tag

ALFAJR

ALMAGHRİB

Ramadan Tag:

....

Meine Gebete

Fajr ---------------- ☆ Maghreb ---------------- ☆

Dhohr ---------------- ☆ Isha ---------------- ☆

Asr ---------------- ☆ Trawih ---------------- ☆

Meine Lektüre des Korans

	der Anfang	das Ende
Juz	....	....
Hizb	....	....
Sure	....	....
Ayah	....	....

RAMADAN TAG :

....

Doaa heute

ANMERKUNGEN : --

Ramadan Tag

ALFAJR

ALMAGHRIB

RAMADAN TAG:

....

Meine Gebete

Fajr ----------- ☆ Maghreb ----------- ☆

Dhohr ----------- ☆ Isha ----------- ☆

Asr ----------- ☆ Trawih ----------- ☆

Meine Lektüre des Korans

	der Anfang	das Ende
Juz	....	....
Hizb	....	....
Sure	....	....
Ayah	....	....

RAMADAN TAG :

....

Doaa heute

ANMERKUNGEN : --

Ramadan Tag

ALFAJR

ALMAGHRIB

Ramadan Tag:

Meine Gebete

Fajr ---------- ☆ Maghreb ---------- ☆

Dhohr ---------- ☆ Isha ---------- ☆

Asr ---------- ☆ Trawih ---------- ☆

Meine Lektüre des Korans

	der Anfang	das Ende
Juz	----------	----------
Hizb	----------	----------
Sure	----------	----------
Ayah	----------	----------

RAMADAN TAG:

....

Meine Gebete

Fajr ----------- ☆ Maghreb ----------- ☆

Dhohr ----------- ☆ Isha ----------- ☆

Asr ----------- ☆ Trawih ----------- ☆

Meine Lektüre des Korans

	der Anfang	das Ende
Juz	....	....
Hizb	....	....
Sure	....	....
Ayah	....	....

RAMADAN TAG

ALFAJR
ALMAGHRIB

RAMADAN TAG:

....

Meine Gebete

Fajr ------------- ☆ Maghreb ------------- ☆

Dhohr ------------- ☆ Isha ------------- ☆

Asr ------------- ☆ Trawih ------------- ☆

Meine Lektüre des Korans

	der Anfang	das Ende
Juz		
Hizb		
Sure		
Ayah		

RAMADAN TAG :

....

Doaa heute

ANMERKUNGEN : --

Ramadan Tag

Alfajr

Almaghrib

RAMADAN TAG:
....

Meine Gebete

Fajr ---------------- ☆ Maghreb ---------------- ☆

Dhohr ---------------- ☆ Isha ---------------- ☆

Asr ---------------- ☆ Trawih ---------------- ☆

Meine Lektüre des Korans

	der Anfang	das Ende
Juz	----------------	----------------
Hizb	----------------	----------------
Sure	----------------	----------------
Ayah	----------------	----------------

RAMADAN TAG :

....

Doaa heute

ANMERKUNGEN : --

RAMADAN TAG

ALFAJR

ALMAGHRIB

RAMADAN TAG:

....

Meine Gebete

Fajr ----------- ☆ Maghreb ----------- ☆

Dhohr ----------- ☆ Isha ----------- ☆

Asr ----------- ☆ Trawih ----------- ☆

Meine Lektüre des Korans

	der Anfang	das Ende
Juz	....	....
Hizb	....	....
Sure	....	....
Ayah	....	....

RAMADAN TAG :

....

Doaa heute

ANMERKUNGEN : --

RAMADAN TAG

ALFAJR
ALMAGHRIB

RAMADAN TAG:

....

Meine Gebete

Fajr ⭐ Maghreb ⭐

Dhohr ⭐ Isha ⭐

Asr ⭐ Trawih ⭐

Meine Lektüre des Korans

	der Anfang	das Ende
Juz		
Hizb		
Sure		
Ayah		

RAMADAN TAG :

....

Doaa heute

ANMERKUNGEN : --

Ramadan Tag

ALFAJR
ALMAGHRIB

Meine Gebete

Fajr ----------------- ☆ Maghreb ----------------- ☆

Dhohr ----------------- ☆ Isha ----------------- ☆

Asr ----------------- ☆ Trawih ----------------- ☆

Meine Lektüre des Korans

	der Anfang	das Ende
Juz	....	....
Hizb	....	....
Sure	....	....
Ayah	....	....

RAMADAN TAG :

....

Doaa heute

ANMERKUNGEN :

RAMADAN TAG

RAMADAN TAG:

....

Meine Gebete

Fajr ——————— ☆ Maghreb ——————— ☆

Dhohr ——————— ☆ Isha ——————— ☆

Asr ——————— ☆ Trawih ——————— ☆

Meine Lektüre des Korans

der Anfang   das Ende

Juz

Hizb

Sure

Ayah

RAMADAN TAG :

....

Doaa heute

ANMERKUNGEN : --

Ramadan Tag

ALFAJR

ALMAGHRİB

RAMADAN TAG:

....

Meine Gebete

Fajr ----------- ☆ Maghreb -----------☆

Dhohr----------☆ Isha -----------☆

Asr -----------☆ Trawih -----------☆

Meine Lektüre des Korans

	der Anfang	das Ende
Juz		
Hizb		
Sure		
Ayah		

Doaa heute

ANMERKUNGEN : ---

Ramadan Tag

Alfajr

Almaghrib

RAMADAN TAG:

....

Meine Gebete

Fajr ----------- ☆ Maghreb ----------- ☆

Dhohr----------- ☆ Isha ----------- ☆

Asr ----------- ☆ Trawih ----------- ☆

Meine Lektüre des Korans
der Anfang   das Ende

Juz ....

Hizb ....

Sure ....

Ayah ....

....

Doaa heute

ANMERKUNGEN : --

Ramadan Tag

ALFAJR

ALMAGHRIB

RAMADAN TAG:

....

Meine Gebete

Fajr ---------- ☆ Maghreb ---------- ☆

Dhohr ---------- ☆ Isha ---------- ☆

Asr ---------- ☆ Trawih ---------- ☆

Meine Lektüre des Korans

	der Anfang	das Ende
Juz		
Hizb		
Sure		
Ayah		

RAMADAN TAG :

....

Doaa heute

ANMERKUNGEN : ---

RAMADAN TAG

ALFAJR

ALMAGHRIB

RAMADAN TAG:

....

Meine Gebete

Fajr -------------- ☆ Maghreb -------------- ☆

Dhohr ------------- ☆ Isha -------------- ☆

Asr -------------- ☆ Trawih -------------- ☆

Meine Lektüre des Korans

	der Anfang	das Ende
Juz	....	....
Hizb	....	....
Sure	....	....
Ayah	....	....

RAMADAN TAG :

....

Doaa heute

ANMERKUNGEN : ----------------------------------

Ramadan Tag

ALFAJR

ALMAGHRİB

RAMADAN TAG:

....

Meine Gebete

Fajr ----------- ☆ Maghreb ----------- ☆

Dhohr ----------- ☆ Isha ----------- ☆

Asr ----------- ☆ Trawih ----------- ☆

Meine Lektüre des Korans

	der Anfang	das Ende
Juz	....	....
Hizb	....	....
Sure	....	....
Ayah	....	....

RAMADAN TAG :

....

Doaa heute

ANMERKUNGEN : --

Ramadan Tag

ALFAJR

ALMAGHRIB

RAMADAN TAG:

....

Meine Gebete

Fajr -------------- ⭐ Maghreb -------------- ⭐

Dhohr -------------- ⭐ Isha -------------- ⭐

Asr -------------- ⭐ Trawih -------------- ⭐

Meine Lektüre des Korans

	der Anfang	das Ende
Juz		
Hizb		
Sure		
Ayah		

RAMADAN TAG :

....

Doaa heute

ANMERKUNGEN : --

Ramadan Tag

Alfajr

Almaghrib

RAMADAN TAG:

....

Meine Gebete

Fajr ------------ ☆ Maghreb ------------ ☆

Dhohr ------------ ☆ Isha ------------ ☆

Asr ------------ ☆ Trawih ------------ ☆

Meine Lektüre des Korans

	der Anfang	das Ende
Juz		
Hizb		
Sure		
Ayah		

RAMADAN TAG :

....

Doaa heute

ANMERKUNGEN : ---

Ramadan Tag

Alfajr

Almaghrib

RAMADAN TAG:
....

Meine Gebete

Fajr ----------- ☆ Maghreb ----------- ☆

Dhohr --------- ☆ Isha ----------- ☆

Asr ----------- ☆ Trawih ----------- ☆

Meine Lektüre des Korans

	der Anfang	das Ende
Juz	....	....
Hizb	....	....
Sure	....	....
Ayah	....	....

RAMADAN TAG :

Doaa heute

ANMERKUNGEN : ---

RAMADAN TAG

ALFAJR

ALMAGHRIB

RAMADAN TAG:

....

Meine Gebete

Fajr ---------- ☆ Maghreb ---------- ☆

Dhohr ---------- ☆ Isha ---------- ☆

Asr ---------- ☆ Trawih ---------- ☆

Meine Lektüre des Korans

	der Anfang	das Ende
Juz		
Hizb		
Sure		
Ayah		

RAMADAN TAG :

....

Doaa heute

ANMERKUNGEN : --

RAMADAN TAG

ALFAJR

ALMAGHRIB

RAMADAN TAG:

....

Meine Gebete

Fajr ----------- ☆ Maghreb ----------- ☆

Dhohr ----------- ☆ Isha ----------- ☆

Asr ----------- ☆ Trawih ----------- ☆

Meine Lektüre des Korans

	der Anfang	das Ende
Juz	-----------	-----------
Hizb	-----------	-----------
Sure	-----------	-----------
Ayah	-----------	-----------

RAMADAN TAG :

....

Doaa heute

ANMERKUNGEN : --

Ramadan Tag

Alfajr

Almaghrib

RAMADAN TAG:

....

Meine Gebete

Fajr ------------- ☆ Maghreb ------------- ☆

Dhohr ------------- ☆ Isha ------------- ☆

Asr ------------- ☆ Trawih ------------- ☆

Meine Lektüre des Korans

	der Anfang	das Ende
Juz	....	....
Hizb	....	....
Sure	....	....
Ayah	....	....

RAMADAN TAG :

....

Doaa heute

ANMERKUNGEN : ----------------------------------

Ramadan Tag

ALFAJR

ALMAGHRIB

RAMADAN TAG:

....

Meine Gebete

Fajr ---------- ☆ Maghreb ---------- ☆

Dhohr ---------- ☆ Isha ---------- ☆

Asr ---------- ☆ Trawih ---------- ☆

Meine Lektüre des Korans

	der Anfang	das Ende
Juz	----------------	----------------
Hizb	----------------	----------------
Sure	----------------	----------------
Ayah	----------------	----------------

RAMADAN TAG :

....

Doaa heute

ANMERKUNGEN : --

RAMADAN TAG

ALFAJR
ALMAGHRIB

Ramadan Tag:

....

Meine Gebete

Fajr ---------- ☆ Maghreb ------------ ☆

Dhohr ---------- ☆ Isha ------------ ☆

Asr ------------ ☆ Trawih ------------ ☆

Meine Lektüre des Korans

	der Anfang	das Ende
Juz		
Hizb		
Sure		
Ayah		

RAMADAN TAG :

....

Doaa heute

ANMERKUNGEN : --

Ramadan Tag

ALFAJR

ALMAGHRIB

Meine Gebete

Fajr ---------- ⭐ Maghreb ---------- ⭐

Dhohr ---------- ⭐ Isha ---------- ⭐

Asr ---------- ⭐ Trawih ---------- ⭐

Meine Lektüre des Korans

	der Anfang	das Ende
Juz	----------	----------
Hizb	----------	----------
Sure	----------	----------
Ayah	----------	----------

RAMADAN TAG :

....

Doaa heute

ANMERKUNGEN : --

Ramadan Tag

ALFAJR

ALMAGHRIB

RAMADAN TAG:

....

Meine Gebete

Fajr	☆	**Maghreb**	☆
Dhohr	☆	**Isha**	☆
Asr	☆	**Trawih**	☆

Meine Lektüre des Korans

	der Anfang	das Ende
Juz		
Hizb		
Sure		
Ayah		

Ramadan Tag

ALFAJR

ALMAGHRİB

RAMADAN TAG :

....

Doaa heute

ANMERKUNGEN : --

RAMADAN TAG:

....

Meine Gebete

Fajr ---------- ⭐ Maghreb ----------- ⭐

Dhohr ---------- ⭐ Isha ----------- ⭐

Asr ---------- ⭐ Trawih ----------- ⭐

Meine Lektüre des Korans

	der Anfang	das Ende
Juz	----------------	----------------
Hizb	----------------	----------------
Sure	----------------	----------------
Ayah	----------------	----------------

Ramadan Tag :

....

Doaa heute

ANMERKUNGEN : ---